BLED

cahier d'activités CP/CE1

Grammaire

Orthographe

Conjugaison

Édouard BLED
Directeur honoraire de collège à Paris

Odette BLED
Institutrice honoraire à Paris

Nouvelle édition 2009
assurée par **Daniel BERLION**
Inspecteur d'académie

hachette
ÉDUCATION

Sommaire

Création de la maquette de couverture : Laurent Carré et Estelle Chandelier

Création de la maquette intérieure : Typo-Virgule et MÉDIAMAX

Mise en pages : MÉDIAMAX

Illustrations : Paul Beaupère

Édition : Julie Berthet

ISBN : 978-2-01-117442-0

© Hachette Livre 2009, 43 quai de Grenelle, 75905 Paris Cedex 15

www.hachette.education.com

Pour Hachette Éducation, le principe est d'utiliser des papiers composés de fibres naturelles, renouvelables, recyclables, fabriquées à partir de bois issus de forêts qui adoptent un système d'aménagement durable. En outre, Hachette Éducation attend de ses fournisseurs de papier qu'ils s'inscrivent dans une démarche de certification environnementale reconnue.

1re Leçon — La phrase / La ponctuation

1 Recopie ces phrases et place les majuscules et les points.

les élèves arrivent en avance

Les élèves arrivent en avance.

le chanteur tient le micro

Le chanteur tient le micro.

l'avion se pose sur la piste

L'avion se pose sur la piste.

le boucher coupe une tranche de viande

Le boucher coupe une tranche de viande.

2 Dans chaque phrase, barre le mot en trop.

Ce petit ~~monte~~ chien est perdu.

Lucas regarde ~~montagne~~ un dessin animé.

La récréation ~~fraise~~ dure longtemps.

On voit des poissons dans ~~soir~~ le bocal.

3 Remets ces mots dans l'ordre pour former des phrases.

cahier. – Je – mon – sors

Je sors mon cahier.

fait – beau – Julie – dessin. – un

Julie fait un beau dessin.

mange – souris – fromage. – La – du

La souris mange du fromage.

4 Indique le nombre de phrases de ce texte.

Le chameau est un animal étrange. Il a deux bosses sur le dos et peut rester longtemps sous le soleil, sans boire. Il vit dans le désert. Son cousin, le dromadaire, a une seule bosse.

quatre phrases

Dictée préparée (10 mots)

Le lundi, je vais à l'école avec mon ami.

3

2ᵉ
Leçon   **Les noms**

1 **Écris le nom commun qui convient sous chaque dessin.**

un chat – un arbre – une tarte

....

2 **Classe ces mots dans le tableau.**

le vent – je – un cadeau – leur – mon – une couleur – la jambe – vous – un pantalon – qui

Noms communs	Autres mots
....	....
....	....
....	....

3 **Complète ces phrases avec les noms communs qui conviennent.**

pluie – magasin – ouvriers – voitures

Les .... roulent sur l'autoroute.

Le .... est ouvert le samedi.

La .... tombe à grosses gouttes.

Les .... creusent une tranchée.

4 **Classe ces noms dans le tableau.**

Scoubidou – l'Europe – la famille – le jardin – Sonia – un château – Félix – le couloir – une règle – Babar – les cheveux – la Chine

Noms communs	Noms propres
....	....
....	....
....	....

Dictée préparée **(10 mots)**

Le feu de bois brûle dans la cheminée du salon.

3ᵉ Leçon — Les déterminants

1 Entoure les déterminants de ces phrases.

La neige tombe sur les trottoirs.

On mange la salade avec une fourchette.

Pour Noël, on met des boules sur le sapin.

Les chaises sont autour de la table.

Le panneau indique la direction à prendre.

2 Place l'article un ou une devant chaque nom.

.... feuille .... camion .... grenouille .... éléphant

.... fenêtre .... allumette .... gomme .... ordinateur

.... livre .... plume .... téléphone .... poule

3 Place l'article la ou les devant chaque nom.

.... boîtes .... famille .... vaches .... girafe

.... figure .... ficelle .... fleurs .... mains

.... gouttes .... casquette .... journée .... lunettes

4 Place l'article le ou les devant chaque nom.

.... pain .... étages .... numéro .... glaçons

.... matin .... maillots .... plats .... lutin

.... volant .... parents .... pêcheur .... savon

5 Complète ces phrases avec les déterminants qui conviennent.

mon – mes   J'écris avec .... stylo.

l' – le   Tu regardes .... feuilleton.

ce – cette   Tom s'est coupé avec .... couteau.

Chaque – Plusieurs   .... été, nous allons en vacances.

l' – la   Le blessé est dans .... ambulance.

nos – notre   Nous écoutons .... maîtresse.

Dictée préparée (8 mots)

Ce matin, Diana distribue les cahiers aux élèves.

4ᵉ Leçon Les adjectifs qualificatifs

1 **Complète avec le seul adjectif qualificatif qui convient.**

aéré – chaud – malin   un croissant ....

cassé – aveugle – facile   un exercice ....

dangereux – frais – invisible   un jeu ....

juste – brave – légère   une plume ....

perçantes – timides – fanées   des fleurs ....

amers – courts – adroits   des cheveux ....

2 **Relie ces noms et leur déterminant aux adjectifs qualificatifs qui conviennent.**

une voiture •   • mûre

une pomme •   • courageux

un pompier •   • goudronnées

des routes •   • rapide

3 **Remets les lettres dans l'ordre pour compléter les phrases.**

d – ô – r – l – e   Le film est .... ; j'ai ri.

m – r – o – t   On ramasse du bois .... pour faire le feu.

s – g – a – e   Cet enfant .... reçoit une image.

d – r – t – o – i   Avec une règle, on trace un trait ....

n – u – g – e – u – x – a   Le ciel est .... ; il va pleuvoir.

4 **Complète les légendes de ces dessins avec les adjectifs qualificatifs qui conviennent.**

grand – petite – triste – heureuse

un enfant ....   une fille ....   un .... immeuble   une .... maison

Dictée préparée (9 mots)

Le petit chat de Nadine a les poils noirs.

5^e
Leçon **Les pronoms personnels sujets**

1 **Lis ces phrases et réponds aux questions.**

Alicia trouve des coquillages sur la plage. Elle en a beaucoup.

Par quel mot a-t-on remplacé « Alicia » ? ....

Les rivières débordent souvent. Elles inondent les prés.

Par quel mot a-t-on remplacé « Les rivières » ? ....

Enzo se lève de bonne heure. Il fait aussitôt son lit.

Par quel mot a-t-on remplacé « Enzo » ? ....

2 **Recopie ces phrases et remplace les mots en gras par** il **ou** ils.

Le clown fait rire les enfants.

....

Nicolas et Thomas jouent dans la cour.

....

Mes parents me préparent une surprise.

....

3 **Recopie ces phrases et remplace les mots en gras par** elle **ou** elles.

La patineuse danse sur la glace.

....

Les hirondelles volent très bas.

....

L'éponge est trop mouillée.

....

4 **Lis ces phrases à haute voix et complète avec** je, tu, nous **ou** vous.

.... recherche mon émission préférée.

.... rangez vos affaires dans le casier.

.... joues avec ta console de jeux.

.... cherchons notre monitrice.

Dictée préparée (10 mots)

Pendant que je regarde la télévision, tu allumes l'ordinateur.

7

6e
Leçon ## Le verbe

1 Relie le verbe à l'infinitif avec le verbe conjugué. Aide-toi de l'exemple.

remuer •   • je chante   refuser •   • ils remplissent

chanter •   • tu lis   descendre •   • nous éclairons

lire •   • elle obéit   remplir •   • vous descendez

obéir •   • il remue   éclairer •   • elles refusent

2 Entoure les verbes conjugués de ces phrases.

Damien prend une pomme.   Nous respirons de l'air pur.

Vous répondez au téléphone.   Tu finis ton travail.

Je tire les rideaux de ma chambre. Les oiseaux volent très haut.

3 Écris l'infinitif de ces verbes conjugués.

tu cherches – nous cherchons – elles cherchent   → ....

je bouge – vous bougez – ils bougent   → ....

vous montez – je monterai – elle monte   → ....

nous oublions   tu oublieras – cllc oublicra   ▸ ....

4 Complète ces phrases avec les verbes qui conviennent.

collons – gagne – frappe – rangent

Quelqu'un .... à la porte.

Mon équipe .... la partie.

Nous .... des images.

Les clients .... leur chariot.

5 Classe ces mots dans le tableau.

pendant – adorer – avec – mériter – chant – entendre – voiture – suivre

Verbes à l'infinitif	Autres mots
....	....
....	....

Dictée préparée (9 mots)

Dans cette usine, on fabrique des meubles de cuisine.

7ᵉ
Leçon **Le sujet du verbe**

1 **Relie les sujets aux verbes qui conviennent.**

Le lézard •   • écoute de la musique.

Les avions •   • brille dans le ciel bleu.

Tu •   • décollent de l'aéroport.

Le soleil •   • se faufile entre les pierres.

Mathilde •   • verses de l'eau dans ton verre.

2 **Dans chaque phrase, entoure le sujet du verbe.**

Le voyage dure plus de deux heures.

Nous apportons notre cahier au maître.

Jérémie nettoie sa bicyclette.

Le roi porte une couronne de diamants.

Ces médicaments calment la douleur.

Tu déjeuneras au restaurant scolaire.

Vous rangez vos affaires.

Je réchauffe mes mains gelées.

3 **Complète ces phrases avec les sujets qui conviennent.**

les manèges – nous – les nageurs – tu

Ce soir, ... es de bonne humeur.

À la fête foraine, ... tournent à toute vitesse.

Après le bain, ... sortent de l'eau.

Comme dessert, ... goûtons une crème au chocolat.

4 **Transforme ces phrases comme dans l'exemple.**

Le chamois saute sur les rochers. → *C'est le chamois qui saute sur les rochers.*

La princesse vit dans un magnifique château.

→ C'est ....

Le gardien ouvre le portail de l'école.

→ C'est ....

Les joueurs enfilent leur maillot.

→ Ce sont ....

Dictée préparée **(10 mots)**

Les enfants accrochent des boules multicolores au sapin de Noël.

8e Leçon

Le masculin et le féminin des noms

1 **Classe ces noms dans le tableau.**

une flûte – un fruit – le matin – un jeu – une épaule – un ballon – le carton – une ville –
un tracteur – la statue – un miracle – la chanson

Noms masculins	Noms féminins
....	....
....	....
....	....

2 **Place l'article un ou une devant chaque nom.**

.... larme   .... poche   .... diable   .... bureau

.... fromage   .... bouquet   .... perle   .... liste

.... carnet   .... veste   .... bouton   .... cadre

.... tarte   .... lampe   .... point   .... odeur

3 **Entoure le seul nom féminin de chaque colonne.**

crayon	chemin	maison	fruit
garçon	sucre	loup	navire
plante	mur	pied	sac
livret	jour	visage	poupée
costume	cage	ski	problème

4 **Entoure le seul nom masculin de chaque colonne.**

fumée	poulet	chemise	sortie
course	barque	tomate	tartine
moulin	tranche	lettre	dessin
bataille	fatigue	nombre	botte
preuve	pomme	fourchette	joue

5 **Relie le nom masculin au nom féminin correspondant.**

un sportif •   • une passante   un prince •   • une chanteuse

un passant •   • une lectrice   un lion •   • une princesse

un lecteur •   • une sportive   un chanteur •   • une lionne

6 **Complète comme dans l'exemple.**

Ils nagent.   → *le nageur et la nageuse*

Ils jouent.   → ....

Ils courent.   → ....

Ils vendent.   → ....

Ils coiffent.   → ....

7 **Recopie ces phrases et mets les mots en gras au masculin.**

La caissière rend la monnaie **à la cliente**.

....

La dernière de la rangée est **ma voisine**.

....

La cuisinière soigne **son invitée**.

....

8 **Écris le féminin de ces noms.**

un remplaçant   → ....

un marchand   → ....

un absent   → ....

un ami   → ....

un cousin   → ....

9 **Recopie ces phrases et mets les mots en gras au féminin. Aide-toi de l'exemple.**

L'infirmier fait des piqûres. → *L'infirmière fait des piqûres.*

Le sorcier prépare une potion magique.

....

Le gaucher écrit dans la marge du cahier.

....

Le cavalier selle son cheval.

....

Le couturier termine une robe en soie.

....

Dictée préparée (9 mots)

Le patineur et la patineuse dansent sur la glace.

9ᵉ Leçon
Le singulier et le pluriel des noms

1 **Place l'article** un **ou** des **devant ces noms.**

.... clowns   .... vase   .... rats   .... frère

.... verres   .... pages   .... cheveux   .... doigt

.... rideau   .... rasoir   .... plats   .... cailloux

.... bonnet   .... journaux   .... objet   .... nombres

2 **Place l'article** la **ou** les **devant ces noms.**

.... pointes   .... salades   .... lampe   .... rues

.... tasses   .... terre   .... cheveux   .... pelouse

.... place   .... glace   .... famille   .... fenêtre

.... sœur   .... valises   .... fées   .... clés

3 **Place un article (**un, une **ou** des**) devant les légendes de ces dessins et ajoute le** s **du pluriel quand il le faut.**

.... crayon.....   .... nuage.....   .... livre.....   .... fleur.....

4 **Relie les noms au singulier aux noms au pluriel.**

un tuyau •   • des gâteaux   le bijou •   • les tableaux

un carreau •   • des clous   le jeu •   • les trous

un clou •   • des carreaux   le tableau •   • les jeux

un gâteau •   • des tuyaux   le trou •   • les bijoux

5 **Écris ces noms et leur article au pluriel.**

un coin → des coins

une branche → ....   le frein → ....

un jour → ....   la main → ....

un disque → ....   la fente → ....

un mot → ....   la vitre → ....

6 **Entoure les noms de ces phrases, puis classe-les dans le tableau.**

Les animaux sont dans la cage.

Le facteur met le courrier dans les boîtes aux lettres.

La poire et les raisins sont des fruits.

Le dimanche, les magasins sont fermés.

Noms au singulier	Noms au pluriel
....	....
....	....
....	....

7 **Recopie ces phrases et mets les mots en gras au singulier.**

Les chiens adorent courir dans **les jardins**.

.... adore courir ....

Les loups attaquent **les moutons**.

.... attaque ....

Les mécaniciens réparent **les moteurs**.

.... répare ....

8 **Recopie ces phrases et mets les mots en gras au pluriel.**

Le maçon construit **une maison**.

.... construisent ....

L'abeille vole autour **de la fleur**.

.... volent ....

Le passager monte dans **l'avion**.

.... montent ....

9 **Complète ces phrases avec ces noms que tu écriras au pluriel.**

joue – poisson – volet – larme

Je donne à manger aux .... dans l'aquarium.

Lilian est triste ; des .... coulent sur ses ....

Papa repeint les .... de l'appartement.

Dictée préparée (9 mots)

Les enfants lancent des miettes de pain aux canards.

10e Leçon

Le masculin et le féminin des adjectifs qualificatifs

1 **Relie ces mots pour former des groupes nominaux.**

un •   • histoire •   • vraie

une •   • récit •   • urgente

un •   • lettre •   • urgent

une •   • message •   • vrai

2 **Complète ces phrases avec les adjectifs qualificatifs qui conviennent.**

vieille – vieux – beau – belle – cruel – cruelle

Il y a un .... carton dans le grenier.

Il y a une .... armoire dans le salon.

Cette bête sauvage est ....

Le tigre est un animal ....

Au bal, le roi porte un .... costume.

Au bal, la reine porte une .... robe.

3 **Écris ces adjectifs qualificatifs au féminin. Aide-toi de l'exemple.**

un clou tordu   → *une tige tordue*

l'exercice suivant   → la page ....

un café sucré   → une tisane ....

un homme savant   → une femme ....

un manteau gris   → une veste ....

un pantalon moulant → une jupe ....

4 **Complète ces phrases avec les adjectifs qualificatifs qui conviennent.**

froid – froide   Je n'aime pas quand la soupe est ....

mûr – mûre   La poire est .... ; tu peux la manger.

noir – noire   Nadia écrit toujours à l'encre ....

rond – ronde   Il y a une table .... dans la salle à manger.

content – contente Dan est .... : il va au cinéma.

D ictée préparée (9 mots)

Jade porte une veste bleue et un pantalon noir.

11ᵉ Leçon

Le singulier et le pluriel des adjectifs qualificatifs

1 **Complète ces groupes nominaux avec les adjectifs qualificatifs qui conviennent.**

plein – pleins – froissée – froissés – curieuse – curieuses

une .... voiture

de .... maisons

une chemise ....

un verre ....

des verres ....

des draps ....

2 **Recopie ces phrases et remplace les adjectifs qualificatifs par leur contraire.**

grands – lourdes – rapide

Ces valises sont légères.   → ....

Tu as fait de petits pas.   → ....

Ce train est lent.   → ....

3 **Écris les adjectifs qualificatifs en gras au pluriel. Aide-toi du modèle.**

*un local **bruyant*** → *des salles **bruyantes***

un crayon **cassé** → des stylos ....

un exercice **difficile** → des problèmes ....

un chien **obéissant** → des chiennes ....

4 **Complète les phrases avec ces adjectifs qualificatifs que tu écriras au pluriel.**

rouge – haute – juste

Les tours de ce quartier sont très ....

Toutes les réponses sont ....

On admire les poissons .... dans le bassin.

Dictée préparée (10 mots)

Avec une règle plate, on peut tracer des traits droits.

12ᵉ
Leçon

L'accord du verbe avec le sujet

1 **Relie les sujets aux groupes de mots qui conviennent. Aide-toi de l'exemple.**

Nous •   • promènes ton chien.

Vous •   • porte mon sac sur l'épaule.

Tu •   • sautillez dans la cour de récréation.

Je •   • écoutons les conseils.

Il •   • fêtent leur anniversaire aujourd'hui.

Elles •   • retourne ses cartes.

2 **Dans chaque phrase, entoure le sujet du verbe.**

Romain écrit au tableau avec une craie.

Tu plies la feuille de papier en quatre.

Ces statues représentent des personnages célèbres.

Vous ne touchez pas les casseroles brûlantes.

3 **Écris des phrases avec ces groupes de mots.**

Nous	est dans ma trousse.
Le camion	griffe les coussins.
Mon stylo à bille	allons à la piscine le mardi.
Le chat	sort du garage.

....

....

....

....

4 **Recopie ces phrases et remplace les sujets en gras par** il **ou** elle.

La voisine de Tanguy prend l'ascenseur.

....

Le salon de coiffure fermera à midi.

....

Le ballon de rugby est ovale.

....

5 **Complète ces phrases avec les verbes qui conviennent.**

cherche – avales – est – attrapent – offrons

Nous .... des fleurs à nos parents.

La question .... difficile ; je .... la réponse.

Tu .... un noyau de cerise.

Les pêcheurs .... beaucoup de poissons.

6 **Recopie ces phrases et remplace les sujets en gras par** ils **ou** elles.

Sébastien et ses parents reviennent du marché.

....

Les animaux du zoo manquent de liberté.

....

Les actrices de cinéma apprennent leur rôle.

....

7 **Recopie ces phrases et écris les sujets en gras au singulier. Accorde les verbes.**

Les lampadaires éclairent la rue.

....

Les médicaments soulagent la douleur.

....

Les affiches annoncent l'arrivée du cirque.

....

8 **Recopie ces phrases et écris les sujets en gras au pluriel. Accorde les verbes.**

Le coureur grimpe facilement la côte.

....

Le jardinier arrache les mauvaises herbes.

....

Le peintre mélange les couleurs.

....

L'émission commence toujours à la même heure.

....

Dictée préparée (9 mots)

Avec mes amis, nous jouons souvent aux petits chevaux.

13e Leçon Les voyelles Les consonnes

1 Retrouve la voyelle manquante dans chaque nom.

un b....l   une ban....ne   un l....t   la l....ne

2 Retrouve la consonne manquante dans chaque mot.

un œu....   une ....oue   un ....ion   un a....ion

3 Entoure les voyelles de ces mots et compte-les. Aide-toi de l'exemple.

(o)(r)(a)ng(e) → *3 voyelles*

client	→ .... *voyelles*	joueur	→ .... *voyelles*
course	→ .... *voyelles*	rayon	→ .... *voyelles*
partir	→ .... *voyelles*	grandir	→ .... *voyelles*
pelouse	→ .... *voyelles*	maison	→ .... *voyelles*
boulanger	→ .... *voyelles*	promenade	→ .... *voyelles*

4 Souligne les consonnes de ces mots et compte-les. Aide-toi de l'exemple.

bougie → *2 consonnes*

moustache	→ .... *consonnes*	femme	→ .... *consonnes*
campagne	→ .... *consonnes*	écharpe	→ .... *consonnes*
poudre	→ .... *consonnes*	cheval	→ .... *consonnes*
gauche	→ .... *consonnes*	blanc	→ .... *consonnes*
demain	→ .... *consonnes*	armoire	→ .... *consonnes*

Dictée préparée **(10 mots)**

Léo fait une tarte aux pommes. On va se régaler !

14e Leçon L'ordre alphabétique

1 Complète cet alphabet avec les lettres manquantes.

a – ...... – c – ...... – e – ...... – ...... – h – ...... – j – ...... – ...... – m – n – ...... – ...... – ...... – r –

...... – ...... – u – ...... – ...... – x – ...... – z

2 Écris l'alphabet à l'envers.

z – ...... – ...... – ...... – ...... – ...... – ...... – ...... – ...... – ...... – ...... – ...... – ...... – ...... – ...... –

...... – ...... – ...... – ...... – ...... – ...... – ...... – ...... – ...... – ...... – a

3 Entoure, sur chaque ligne, le mot qui n'est pas rangé dans l'ordre alphabétique.

brune – cachet – douce – vivre – famille – graine

joli – montagne – nougat – herbe – poulet – service

enfant – gorge – haricot – cadran – luge – nuage

4 Classe ces mots dans le tableau.

récolte – minuit – étaler – bien – crier – vendre – livre – avancer – peinture – sauter –
glisser – drapeau – forêt – usine – jouet – kilo

Mots placés avant « homme » dans l'ordre alphabétique	Mots placés après « homme » dans l'ordre alphabétique
....	....
....	....
....	....
....	....

5 Entoure la première lettre de chaque mot et range-les par ordre alphabétique.

suivre – manger – oreille – nuit – place

....

tuile – joli – venir – genou – signe

....

usine – cloche – banane – porte – gare

....

Dictée préparée (13 mots)

Dans l'appartement, il y a une cuisine, un salon et une chambre.

15ᵉ
Leçon

Les syllabes – Les mots

1 Complète les mots de chaque ligne avec une même syllabe.

une ....dio   une ....ture   un pi.........te

une por.........   tren.........   la da.........

2 Indique le nombre de syllabes de chaque mot.

dessin → 2 syllabes

cuisine   → .... *syllabes*   éléphant   → .... *syllabes*

tortue   → .... *syllabes*   serpent   → .... *syllabes*

locomotive → .... *syllabes*   télévision   → .... *syllabes*

profiter   → .... *syllabes*   acrobate   → .... *syllabes*

3 Remets les syllabes dans l'ordre pour former des noms.

to – pho → une photo

nier – pa   → un ....   se – chai   → une ....

lon – bal   → un ....   din – jar   → un ....

ble – meu   → un ....   cher – plan → le ....

che – po   → une ....   pin – la   → un ....

4 Remets les syllabes dans l'ordre pour former des noms.

va – se – li   → une ....   ma – ne – chi → une ....

ver – tu – cou – re → une ....   vi – ne – tri   → une ....

ca – ra – ma – de → un ....   che – se – mi → une ....

am – lan – bu – ce → une ....   é – pe – qui   → une ....

a – ge – nu   → un ....   pon – ré – se → une ....

5 **Remets les syllabes dans l'ordre pour former des verbes à l'infinitif.**

des – dre – cen → .... | tra – ser – ver → ....

dé – cer – pla → .... | a – ter – bri → ....

di – mi – er – nu → .... | ga – per – lo → ....

6 **Complète les mots de chaque colonne avec une même syllabe.**

la musi..........   un hôpi..........   le ....néma   le men..........

une mar..........   un to..........   une ....gale   un pié..........

une bar..........   le cris..........   une ....gogne   un bâ..........

une pla..........   un végé..........   une ....terne   un car..........

la ban..........   un mé..........   une ....trouille   le co..........

7 **Remets les syllabes dans l'ordre pour former des mots invariables.**

dant – pen → .... | te – main – nant → ....

fin – en → .... | au – fois – tre → ....

sieurs – plu → .... | quoi – pour → ....

8 **Remets les syllabes dans l'ordre et complète les phrases avec les mots formés.**

çais – fran   Le drapeau .... flotte devant la mairie.

ve – neu   Aurélie met une robe ....

che – ni   Le chien ronge son os devant sa ....

9 **Lis ce texte et réponds aux questions.**

Samedi matin, la pluie tombe à grosses gouttes. Il y a peu de monde dans les rues. Un homme traverse la place sous un grand parapluie.

Combien y a-t-il de phrases dans ce texte ?   .... phrases.

Combien y a-t-il de mots dans la première phrase ?   .... mots.

Dans le texte, combien y a-t-il de mots avec 2 syllabes ?   .... mots.

Dans le texte, combien y a-t-il de mots avec 3 syllabes ?   .... mots.

Dictée préparée (10 mots)

À la fête foraine, nous montons sur de nombreux manèges.

16e

Leçon

Les sons [b] et [p]
(b) et (p), (br) et (pr), (bl) et (pl)

1 Colorie le dessin quand tu entends le son [p].

2 Écris le nom qui convient sous chaque dessin.

une pédale – un canapé – un bateau

....

3 Dans chaque colonne, il y a un intrus (on n'entend pas le même son). Barre-le.

son [b]	son [p]	son [b]	son [p]
un autobus	une perle	un bol	une peluche
brûlant	une lampe	un lavabo	une pièce
un repas	repasser	puissant	le bras
un bouquet	prêter	distribuer	un sapin
un robot	un tambour	une botte	du pain

4 Complète ces phrases avec les mots qui conviennent.

boisson – poisson   La limonade est une .... sucrée.

La truite est un .... d'eau douce.

brune – prune   Aimes-tu la confiture de .... ?

Laure est blonde, alors que Vanessa est ....

bois – pois   Papa ouvre une boîte de petits ....

Je remue la sauce avec une cuillère en ....

5 **Complète ces phrases avec les mots qui conviennent.**

brise – prise   Ne mets pas le doigt dans la .... électrique.

Une petite .... venant du Nord nous rafraîchit.

bond – pont   Le kangourou fait un ....

Ce .... permet de franchir la rivière.

bière – pierre   Les enfants ne boivent jamais de ....

On fait des ricochets avec une .... plate.

6 **Complète chaque mot avec la syllabe pa ou la syllabe ba.**

Le roi vit dans un magnifique ....lais.

La sorcière s'envole sur un manche à ....lai.

Je traverse la rue sur le ....ssage protégé.

Il manque un ....rreau à l'échelle.

7 **Complète chaque colonne avec un mot qui commence par la même lettre que les autres.**

un ballon	un pantin	une boucle	parfait
un beignet	une pêche	un bijou	pardon
une bataille	un pigeon	un billet	parler
une baleine	un peigne	un balcon	pousser
....	....	....	....

8 **Complète chaque mot avec la syllabe bou ou la syllabe pou.**

Florian a perdu un ....ton de sa chemise.

Patrick ....sse son chariot dans les allées du supermarché.

As-tu déjà mangé du ....din ?

Au menu, il y a du ....let avec des épinards.

9 **Complète chaque mot avec la syllabe bar ou la syllabe par.**

Quand on écoute de la musique, il ne faut pas ....ler.

L'ogre a une longue ....be noire.

La ....que du pêcheur est au milieu de l'étang.

L'arbitre a sifflé la fin de la ....tie.

Dictée préparée (9 mots)

Le promeneur regarde le bateau qui entre au port.

17ᵉ Leçon — Les sons [d] et [t] (d) et (t), (dr) et (tr)

1 **Écris le nom qui convient sous chaque dessin.**

un râteau – une tour – un dé – un drapeau – un cadeau – un tapis

....

....

2 **Complète ces phrases avec les mots qui conviennent. Entoure la lettre qui fait le son [d].**

dessin – salade – monde – ronde – prudent

Vous savez bien que la Terre est .... !

Au dessert, tu manges une .... de fruits.

Kim a fait un beau .... pour sa maman.

Je suis .... : je traverse sans courir.

Combien y a-t-il de pays dans le .... ?

3 **Complète ces phrases avec les mots qui conviennent. Entoure la lettre qui fait le son [t].**

tranche – hauteur – moitié – table – tombe – bateau

Quelle est la .... de cette maison ?

Paul navigue sur un .... à voiles.

Papa pose le plat de légumes sur la ....

En hiver, la nuit .... rapidement.

J'achète une .... de jambon.

Mathilde ne mange qu'une .... de sa pomme.

4 **Complète ces phrases avec les mots qui conviennent.**

poudre – poutre   Margot marche en équilibre sur la ....

Andy met du sucre en .... dans son yaourt.

doux – toux   Ce sirop calmera ta ....

Le coussin est .... ; tu es bien assis.

douche – touche   Ne .... pas les orties : ça pique !

Avant de me baigner, je prends une ....

5 **Complète ces phrases avec les mots qui conviennent.**

droit – trois   Un triangle a .... côtés.

Dans le village, on n'a pas le .... de rouler vite.

doit – toit   La hutte a un .... en paille.

Clara .... apprendre ses leçons.

dire – tire   Qui va me .... le nom de cette rue ?

Le chien a couru ; il .... la langue.

6 **Lis le texte, puis classe les mots dans le tableau.**

Jade range ses vêtements dans le placard ; ensuite elle prépare son cartable, sans oublier sa trousse. Elle déjeune rapidement. Elle se dépêche, car il est déjà huit heures. Elle a peur de ne pas arriver à l'école en même temps que ses camarades.

On entend le son [d].	On entend le son [t].
....	....
....	....
....	....
....	....

Dictée préparée (12 mots)

Je suis malade. Le docteur regarde ma gorge et touche mon ventre.

18ᵉ Leçon

Les sons [s] et [z] (s, ss, c, ç, t) et (s, z)

1 **Écris le nom qui convient sous chaque dessin.**

une brosse – une citrouille – un singe

....

2 **Écris le nom qui convient sous chaque dessin.**

une maison – une fusée – un zèbre

....

3 **Dans chaque colonne, barre le seul mot où tu n'entends pas le son [s].**

une ardoise	lancer	la course	un glaçon
danser	bronzer	un classeur	un casier
un bassin	une piste	zéro	la mousse
un maçon	remplacer	la suite	un cygne

4 **Dans chaque colonne, barre le seul mot où tu n'entends pas le son [z].**

le plaisir	la visite	le dessert	le bazar
un magasin	un cerisier	onze	un poussin
la raison	circuler	la pelouse	poser
la vitesse	la musique	la télévision	l'usine

5 **Dans ces mots, on entend le son [s]. Complète-les avec s ou ss.**

une bo......e	lai......er	une ble......ure	un do......ier
une ca......quette	un con......eil	pui......ant	un co......tume
sur......auter	re......ter	un mon......tre	un fo......é
une cui......e	pa......er	une répon......e	di......tribuer

6 **Place ces mots dans la grille.**

1. cent

2. moustache

3. église

4. tasse

5. cigogne

6. assiette

7. vase

8. hélice

7 **Complète ces mots avec l'écriture du son [s] qui convient.**

Je vais au ......inéma avec mon cousin.

Malika renver......e du jus sur le tapis.

Manuel apprend sa le......on.

Audrey avan......e son pion d'une case.

On repeint la fa......ade de l'immeuble.

Maman care......e la joue du bébé.

Je paie avec une piè......e de 2 euros.

Nicolas porte une ve......te noire.

8 **Complète ces mots avec l'écriture du son [z] qui convient.**

Le samedi, Romain tond son ga......on.

Tu portes une lourde vali......e.

Dans une année, il y a dou......e mois.

Farid porte une chemi......e à fleurs.

Éric déplace sa chai......e.

Où le tré......or est-il caché ?

Le lé......ard s'endort au soleil.

La sonnerie fait un bruit bi......arre.

9 **Complète selon le modèle.**

un ciel gris → *une journée grise*

un chanteur anglais → une chanteuse ....

un gros poisson → une .... salade

un joueur français → une joueuse ....

un garçon surpris → une fillette ....

Dictée préparée (9 mots)

Alice dessine les joues roses du visage de Lisa.

19ᵉ Leçon

Les sons [f] et [v] (f, ph) et (v)

1 **Écris le nom qui convient sous chaque dessin.**

une enveloppe – un fantôme – un téléphone – un éléphant – une fourmi – une cravate

....

....

....

....

....

....

2 **Lis ces mots à haute voix et classe-les dans le tableau.**

une famille – le café – une photo – la finale – la pharmacie – un filet – le phoque – enfin – un dauphin – furieux – une phrase – la farine

On entend le son [f].	
Le son [f] s'écrit f.	**Le son [f] s'écrit ph.**
....	....
....	....
....	....

3 **Complète ces phrases avec les mots qui conviennent.**

vraie – frais   Ce matin, il fait un peu ....

Blanche-Neige, ce n'est pas une histoire ....

vous – fous   Ces petits chatons font les .... avec une balle.

Si .... êtes en retard, marchez plus vite.

vache – fâche   Heidi n'est pas sage ; maman se ....

Cette .... donne beaucoup de lait.

ver – fer   Cette barrière en .... est déjà rouillée.

Le pêcheur met un .... de terre sur son hameçon.

4 **Lis le texte, puis classe les mots où tu entends le son [f] ou le son [v].**

Vendredi, mon frère est allé au bord de la mer. Il est monté dans un phare d'où il a vu des voiliers qui profitaient du vent pour filer à toute allure. Après, il s'est baigné. Les vagues étaient fortes et il a eu vraiment froid.

On entend le son [f].	On entend le son [v].
....	....
....	....
....	....
....	....

5 **Recopie le seul mot de chaque phrase où tu entends le son [f]. Entoure les lettres qui font ce son.**

Mon voisin fait du bruit en tondant le gazon. ....

Je range la vaisselle dans le buffet. ....

Victor fête son anniversaire avec ses amis. ....

Les freins de ton vélo sont cassés. ....

À sa naissance, le caneton possède un fin duvet. ....

6 **Recopie le seul mot de chaque phrase où tu entends le son [v]. Entoure la lettre qui fait ce son.**

Dans ce vase, toutes les fleurs sont fanées. ....

Comme il y a du vent, ferme les fenêtres. ....

Fin novembre, il a beaucoup neigé. ....

Mes parents vont au cinéma sans moi. ....

7 **Complète les mots de ces phrases avec f ou v.**

Le lustre est accroché au pla......ond de la salle à manger.

Sais-tu jouer du ......iolon ?

J'ai oublié de fermer le robinet du la......abo.

Monsieur Durand part en ......oyage.

Benjamin doit ......inir son travail.

Le Petit Poucet est perdu dans la ......orêt.

Dictée préparée (12 mots)

Il n'est pas facile de circuler dans la ville à vélo.

20ᵉ
Leçon

Les sons [m] et [n] (m et n)

1 **Complète ces phrases avec** me **ou** ne.

Elsa .... parle à l'oreille.

Tu .... sors pas de ta chambre.

Marco .... joue jamais avec moi.

On .... va pas à l'école le samedi.

Cette course .... fatigue.

Ma sœur .... raconte une histoire.

2 **Complète ces phrases avec les mots qui conviennent.**

mis – nid   L'oiseau est tombé du ....

                  Le roi Dagobert a .... sa culotte à l'envers.

mous – nous   Mélinda adore les caramels ....

                  Est-ce que tu veux jouer avec .... ?

mourir – nourrir Pour .... ton chat, tu lui donnes des croquettes.

                  Si on ne l'arrose pas, cette plante va ....

3 **Complète les mots de ces phrases avec** m **ou** n.

Ce ....ouveau jeu est a.......usant.

Chaque ....ardi, Chloé suit un cours de ....atation.

Il faut protéger la ....ature pour ....ieux vivre.

Va.......essa va au ....arché avec son père.

La lu.......e se cache derrière un ....uage.

4 **Complète les légendes de ces dessins avec des mots où tu entends le son [m] ou le son [n].**

Je me lave les ....

sous le ro................... .

Le rat est un a...................

rongeur.

Alice ....

dans la pisc............ . .

Dictée préparée (11 mots)

Une épaisse fumée noire sort de la cheminée de l'usine.

21ᵉ Leçon Les sons [ʃ] et [ʒ] (ch) et (j, g, ge)

1 **Écris le nom qui convient sous chaque dessin.**

une girafe – une bougie – une vache – une cloche – une cage – une mouche

....

....

....

....

....

....

2 **Complète ces noms avec** ch, g **ou** j.

Tu te mets à ......enoux pour regarder sous le lit.

Le ......eval galope dans le pré.

Le ......ardinier plante des ......oux.

3 **Forme des mots avec ces syllabes et place-les au bon endroit.**

jam •   • che   couper une tranche de *jambon*

jeu •   • bon   casser le .... de la pelle

jau •   • di   avoir un pantalon ....

man •   • ne   aller à l'école le .... matin

4 **Complète comme dans l'exemple.**

Il chasse le lion. → *un chasseur*

Il pêche des poissons.   → un ....

Il triche au jeu.   → un ....

Il marche beaucoup.   → un ....

Il chante devant le public. → un ....

Dictée préparée (9 mots)

Maman choisit un bijou avec une pierre précieuse orange.

22ᵉ
Leçon

Le son [g] (g, gu)

1 **Écris le nom qui convient sous chaque dessin. Entoure les lettres qui font le son [g].**

un guidon – un gâteau – des gants – une guitare – une grille – la langue

....

....

2 **Complète ces noms avec g ou gu. Regarde bien la voyelle qui suit.**

la ....erre   une ....outte   un ....alet   une ....êpe

un wa........on   un ....roupe   la va........e   une ba........ette

3 **Complète les mots avec gue ou que.**

la lan........   la bri........   la pla........   une bla........

le dis........   Il se mo........ .   une ba........   un cas........

Elle se fati........ .   une piro........   Il atta........ .   la ban........

4 **Remets les lettres dans l'ordre pour former des mots qui complètent les phrases.**

g – r – a – e   Le train entre en ....

g – a – r – e – a – g   Le mécanicien est dans son ....

g – a – c – l – e   Romuald adore la .... à la vanille.

l – é – u – g – e – m   Quel est ton .... préféré ?

g – m – m – o – e   J'efface le trait avec ma ....

g – i – s – s – l – e   Abdel .... sur le verglas.

Dictée préparée **(11 mots)**

Après une longue course dans la grande forêt, je suis fatigué.

23ᵉ Leçon

Le son [k] (c, qu, k)

1 Écris le nom qui convient sous chaque dessin.

un camion – une carte – un koala – une barque – un coq – un ski

....

....

2 Dans chaque colonne, entoure le seul mot où tu n'entends pas le son [k].

un couloir	croquer	raconter	une place
un article	un kiwi	une casserole	la classe
écouter	la caisse	une cigale	coudre
la France	la cuisine	une brique	un acteur
le basket	une cerise	une cabane	un kimono
un cachet	un judoka	un cadran	une cuillère

3 Complète ces mots par l'écriture du son [k] qui convient.

Les élèves jouent dans la ....our de l'é.......ole.

Adrien ....oupe la tarte en ....atre morceaux.

Tony prend sa ra.......ette de tennis.

Je vais au ....arnaval avec un mas.......e.

Le jardinier ....ultive des ....arottes.

Le perro.......et répète toujours la même phrase. Il nous ....asse les oreilles !

Le professeur de musi.......e joue de la ....larinette.

Dictée préparée (10 mots)

D'un coup de pied, Carlos marque le quatrième but.

24ᵉ Leçon   **Les accents**

1 ● **Place les accents aigus oubliés et écris les noms sous les dessins.**

une echelle – une etoile – une ecole

....

2 ● **Place les accents graves oubliés et écris les noms sous les dessins.**

une regle – une fleche – une vipere

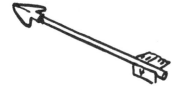      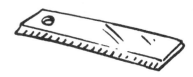

....

3 ● **Place les accents circonflexes oubliés et écris les noms sous les dessins.**

une fenetre – un pecheur – un chene

....

4 ● **Complète ces phrases avec les mots qui conviennent. Entoure les lettres accentuées.**

aéroport – récite – vélo – télévision – éléphant – étend – poésie

L'avion est sur la piste de l'................................ .

L'................................ marche en balançant sa trompe.

Camille .... le linge.

Zoé apprend à faire du ....

Regardes-tu souvent la .... ?

Martin .... sa .... au tableau.

5 **Complète ces phrases avec les mots qui conviennent. Entoure les lettres accentuées.**

mêmes – guêpe – fête – vêtements – rêve – tempête

La .... souffle ; les bateaux rentrent au port.

La .... me pique le bras ; j'ai mal.

La Belle au bois dormant a fait un ....

Dimanche, c'est la .... de la musique.

Ces jumelles portent les ....

6 **Dans tous ces mots, on entend le son [ɛ]. Entoure ceux qui ont un accent grave.**

une perle	le père	terrible	la lèvre
une allumette	la bière	guère	une lettre
la misère	un mètre	sèche	une pièce
la crème	perdu	la colère	une pierre
une hirondelle	le reste	un verre	le trèfle

7 **Dans ces noms, il manque un accent circonflexe. Place-le correctement et écris les noms sous les dessins.**

un chateau – une flute – une boite

....

8 **Recopie ces phrases et place les accents (aigus ou graves) oubliés.**

Pourquoi y a-t-il des trous dans le gruyere ?

....

Le chevalier sort son epee et tue le dragon.

....

Sammy releve la visiere de sa casquette.

....

Si tu as de la fievre, prends un cachet.

....

Dictée préparée (13 mots)

Au début de la séance, tu choisis un siège près de la fenêtre.

25ᵉ Leçon

Le son [ɛ] (e, è, ê, ai, ei)

1 Écris le nom qui convient sous chaque dessin. Entoure les lettres qui font le son [ɛ].

une baleine – une chèvre – un balai – un aigle – une sirène – une araignée

....

....

....

....

....

....

2 Complète ces phrases avec les mots qui conviennent. Entoure les lettres qui font le son [ɛ].

mettre – lait – neige – peigne – permis – portrait – secret

Pour conduire, il faut un ....

Fadila se .... tous les matins.

Il faut .... un peu de sel sur ce plat.

Peux-tu garder ce .... ?

Ce matin, il .... et il y a du vent.

Avec le ...., on prépare du fromage.

Le peintre fait le .... de la princesse.

3 Dans ces noms, on entend le son [ɛ]. Complète-les avec **ai** ou **ei**.

Un pull en l.........ne, ça tient chaud.

Le sang coule dans les v.........nes.

Je me b.........sse pour ramasser mon crayon.

Le sirop est fr.........s ; je le bois volontiers.

Louise n'.........me pas les films violents.

Pauline ne fait jamais de p.........ne à ses amis.

4 **Lis ce texte, souligne les mots où tu entends le son [ɛ] et classe-les dans le tableau.**

Dans le palais royal, il y a un grand bal.

La reine porte une belle couronne de perles.

Les lumières éclairent les musiciens.

Un beau seigneur s'avance vers la fille du roi.

Elle pense faire un rêve.

On entend [ɛ].				
On voit ai.	**On voit** ei.	**On voit** e.	**On voit** è.	**On voit** ê.
....	....	....	....	....
....	....	....	....	....
....	....	....	....	....

5 **Ces noms se terminent tous par -et. Complète-les et place-les dans les phrases.**

bonn............ – lac............ – parqu............ – bracel............ – poign............ – robin............

J'ai cassé le .... de ma chaussure.

Il faut fermer le .... du lavabo.

Pour ne pas avoir froid, je porte un ....

Tu as glissé sur le ....

Sylvia porte un joli .... au ....

6 **Complète par des mots que tu formeras avec ces syllabes.**

mer • • be   le *mercredi* 12 février

her • • vercle   le .... de la casserole

ber • • credi   le .... et son troupeau

cou • • ger   de l'.. verte

es • • sin   les marches de l'..

ver • • calier   le .... du bébé

des • • ceau   le .... du portail

ber • • rou   un .... en couleurs

Dictée préparée (9 mots)

Sans lunette, on voit à peine les lointaines planètes.

26e Leçon — Le son [e] (é, ée, er)

1 Écris le nom qui convient sous chaque dessin.

un cahier – une épée – une cheminée – un carré – un clocher – une bouée

....

....

....

....

....

....

2 Complète ces phrases avec les mots qui conviennent. Entoure les lettres qui font le son [e].

résumé – nez – métier – moitié – épicier – défilé – poupée

Je lis le .... d'un conte de fées.

Quel est le .... de monsieur Robert ?

Jordan regarde le .... du carnaval.

Le clown a un énorme .... rouge en plastique.

Quel est le nom de cette .... ?

Tu ne veux qu'une .... de cette pizza.

Un .... vend-il seulement des épices ?

3 Relie l'adjectif au nom féminin correspondant.

bon •	• la clarté	célèbre •	• la timidité
propre •	• la beauté	grave •	• la rapidité
beau •	• la bonté	curieux •	• la gravité
clair •	• la pauvreté	timide •	• la célébrité
pauvre •	• la propreté	rapide •	• la curiosité

Dictée préparée (12 mots)

Comme il y a du gravier sur la chaussée, il faut ralentir.

27^e
Leçon

Les sons [y] et [u] (u) et (ou)

1 **Écris le nom qui convient sous chaque dessin.**

un loup – une grue – des lunettes – un clou – une statue – une route

....

....

....

....

....

....

2 **Complète ces phrases avec les mots qui conviennent.**

rue – roue Y a-t-il une .... de secours dans cette voiture ?

On traverse la .... sur le passage protégé.

but – bout Angéla regarde le film jusqu'au ....

Le joueur a marqué un ....

nus – nous Ne marche pas pieds .... sur les cailloux.

Quand .... chantons, la maîtresse bat la mesure.

3 **Change la première lettre du mot en gras pour trouver le mot qui complète chaque phrase.**

mouche Une .... s'est posée sur le pot de confiture.

Sur quelle .... du téléphone appuies-tu ?

Chez le dentiste, on ouvre la ....

Salim chantonne sous sa ....

mur Les maçons construisent un ....

Il y a un vase .... la table du séjour.

Dictée préparée (11 mots)

Lucas est étourdi : il a mis du sucre dans sa soupe !

28ᵉ Leçon

Le son [ɑ̃] (an, en, am, em)

1 **Complète ces phrases avec les mots qui conviennent. Entoure les lettres qui font le son [ɑ̃].**

balançoire – volant – entrée – centre

Il y a un panneau à l'.................. du village.

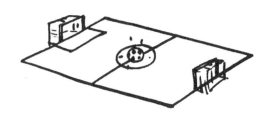

Le ballon est au .... du terrain.

Le conducteur tient son ....

On trouve une .... dans la cour.

2 **Complète ces phrases avec les mots qui conviennent. Entoure les lettres qui font le son [ɑ̃].**

cent – sang   Madame Clément paie avec un billet de .... euros.

Clément s'est coupé ; il a du .... sur la main.

dent – dans   Coralie a perdu une .... de lait.

Les bons nageurs vont .... le grand bassin.

tente – tante   Le campeur dort sous une ....

La .... de Lauriane habite à la campagne.

3 **Devinettes. Dans tous ces mots, on entend le son [ɑ̃].**

On les enfile pour ne pas avoir froid aux mains.   → les g..........ts

Quand il souffle, il fait bouger les feuilles.   → le v..........t

Un fruit avec lequel on fait souvent du jus.   → l'or..........ge

Dictée préparée (12 mots)

Au cinéma, il y a plus de trente fauteuils dans chaque rangée.

29e Leçon — Le son [ɛ̃] (in, im, ein, ain, en, aim)

1 Écris le nom qui convient sous chaque dessin. Entoure les lettres qui font le son [ɛ̃].

un chien – un requin – un moulin – un train – des patins à glace – une ceinture

....

....

2 Complète ces phrases avec les mots qui conviennent. Entoure les lettres qui font le son [ɛ̃].

chemin – demain – peindre – copain – lapin – freins

Pour .... le ciel, tu mets du bleu.

Le Petit Poucet sème des cailloux pour retrouver son ....

Nous irons .... au centre aéré.

Ton vélo a-t-il des .... ?

Samuel s'amuse avec son ....

Au pays des merveilles, Alice a rencontré un ....

3 Complète comme dans l'exemple.

une région lointaine → *un pays lointain*

une graine de tomate → un .... de blé

de la poudre fine → du sel ....

une vilaine journée → un .... temps

une tasse pleine → un verre ....

Dictée préparée (13 mots)

Quand la machine est en panne, on lave le linge à la main.

30e Leçon   (ian) et (ain) – (ien) et (ein) – (ion) et (oin)

1 **Complète ces phrases avec les mots qui conviennent.**

camion – pointe – bain – skiant

Kelly est tombé en ....

Le .... s'arrête sur le parking.

Armand enfonce la ....

Léo joue dans son ....

2 **Complète les mots avec** ien **ou** ein.

Monsieur René ne peut r........... porter, car il a mal aux r...........s.

Jul........... a nettoyé les pots de p...........ture.

Je v...........s d'ét...........dre la lumière.

Le lièvre est b........... caché ; les chasseurs ne le trouvent pas.

3 **Complète ces mots avec** ion **ou** oin.

Il y a une armoire dans un c........... de la salle de classe.

Léna déplace son p........... de trois cases.

Les boxeurs donnent des coups de p...........g.

Arthur prend l'av........... pour la première fois de sa vie.

4 **Complète comme dans l'exemple.**

Il habite en Alsace. → *un Alsacien*   Il habite en Italie. → un ....

Il habite à Paris. → un ....   Il habite en Algérie. → un ....

Dictée préparée (11 mots)

Avant la bataille, les Gaulois avaient besoin d'une potion magique.

31ᵉ Leçon m devant b, m, p

1 **Complète ces mots avec** m **ou** n.

une mo.......tagne   une a.......poule   une fra.......boise   un ta.......bour

2 **Complète ces mots avec** m **ou** n.

une fo.......taine   une te.......pête   la co.......pote   une to.......be

qui.......ze   un po.......t   une a.......bula.......ce   la ca.......tine

gri.......per   un si.......ge   une colo.......be   un cha.......pion

3 **Complète les mots avec les lettres qui conviennent.**

on ou **om**

se laver avec un sav...........

écrire un n...........bre en lettres

réciter une c...........ptine

t...........dre la pelouse

en ou **em**

ress...........bler à un clown

v...........dre des journaux

...........piler des jetons

pr...........dre un raccourci

an ou **am**

vivre à la c...........pagne

allumer la l...........pe

avoir mal à la j...........be

s'asseoir sur un b...........c

in ou **im**

un vêtement ....perméable

un livre ....téressant

...........viter ses amis

nettoyer les p...........ceaux

4 **Devinettes.**

C'est la pièce où l'on dort.   → la ch...........bre

Il éteint les incendies.   → le p...........pier

Le dernier mois de l'année.   → déc...........bre

On le colle sur une enveloppe.   → le t...........bre

Dictée préparée (9 mots)

La trompe des éléphants ressemble à un long tuyau.

32ᵉ Leçon — Les consonnes doubles

1 Fais des phrases avec ces groupes de mots. Entoure les consonnes doubles.

Un ouvrier	se trouve	des miettes de pain.
Nous	picore	une barre de chocolat.
Le poussin	installe	l'année prochaine.
Anne	déménagerons	dans une enveloppe.
Le message	mange	une antenne de télévision.

....

....

....

....

....

2 Écris le nom qui convient sous chaque dessin. Entoure les consonnes doubles.

une couronne – une gomme – une chaussette – un coffre – une tasse – un bonnet

....

....

....

....

....

....

3 Classe ces mots dans le tableau.

téléphoner – chantonner – un tonneau – une sonnette – un canon – des lunettes – connaître – le dîner – abandonner – le crâne – une année – une prune

Mots avec n	Mots avec nn

4 **Classe ces mots dans le tableau.**

un poulet – une bulle – une échelle – polisson – une colline – une colonne – de la colle – un rôle – tranquille – le milieu – la ville – l'école – une vallée – malin

Mots avec l	Mots avec ll
....	....
....	....
....	....

5 **Complète ces phrases avec les noms qui conviennent.**

courir – nourrir   Il ne faut pas .... au bord de la piscine.

Pour .... son chat, Julie lui donne du pâté.

désert – dessert   Je prends un .... au chocolat.

Il fait chaud dans le ....

6 **Complète ces phrases avec les noms qui conviennent.**

poison – poisson   Ne touche pas cette plante : c'est du ....

Le pêcheur a pris un gros ....

reine   renne   Un .... tire le traîneau du Père Noël.

La méchante .... n'aime pas Blanche-Neige.

7 **Devinettes. Il y a une consonne double dans tous les mots.**

Le poulet en a deux et le cheval quatre.   → les pa.............................

Dans l'alphabet, il y en a vingt-six.   → les le.............................

Sans lui, on ne peut pas jouer au foot.   → le ba.............................

Le contraire de « refroidir ».   → réchau.............................

8 **Complète ces mots avec une consonne double.**

Je trempe une tartine de beu..........e dans mon bol de lait.

Abdel va chez le coi..........eur.

Stéphane joue au te..........is depuis un an.

As-tu entendu le chant du ro..........ignol ?

Dictée préparée (12 mots)

La neige commence à tomber. Les trottoirs de la ville sont blancs.

33ᵉ Leçon
Les noms terminés par le son [o] (-eau, -au, -o)

1 Écris le nom qui convient sous chaque dessin.

un crapaud – un robot – un tuyau – un couteau – un vélo – un artichaut

....

....

....

....

....

....

2 Complète les phrases avec ces mots. Entoure les lettres qui font le son [o].

tableau – bureau – capot – numéro – accroc

Chaque élève est assis à son ....

Quel est le .... de ton immeuble ?

Le mécanicien soulève le .... de la voiture.

Ce soir, qui va effacer le .... ?

Dylan a fait un .... à son blouson.

3 Change la première syllabe des noms en gras pour trouver le nom qui complète chaque phrase.

photo   As-tu déjà joué au .... ?

       Le frère de Damien a une nouvelle ....

cerceau   Le peintre a pris un .... très fin.

       Le bébé dort dans son ....

       Je me coupe un .... de fromage.

château   Orane a le mal de mer en ....

       Si tu as froid, prends ton ....

       On enfonce les clous avec un ....

4 Remets les syllabes dans l'ordre pour former des noms qui complètent les phrases.

bri – a – cot   L'.............................. est un fruit d'été.

au – pré   Quand il pleut, on joue sous le ....

da – pé – lo   Nous avons fait du .... sur le lac.

leau – rou   J'étale la pâte à modeler avec un ....

pos – re   Après la course, on prend un peu de ....

5 Complète ces noms avec **ot** ou **eau**.

Le petit chien a un grel.............. au cou.

Il y a des petits poissons dans ce ruiss.............. .

Les tomates sont dans un cage.............. .

Émilie tire le rid.............. de sa chambre.

Les joueurs ont un maill.............. bleu.

Ce chien a une tache sur le mus.............. .

6 Complète ces noms avec **o** ou **eau**.

Hugo verse un s.............. d'eau dans le bassin.

Sur la neige, on se déplace parfois en traîn.............. .

Lilian joue du violon et Yasmine chante avec un micr.............. .

Le jardinier ramasse les feuilles avec un rât.............. .

7 Complète les légendes de ces dessins avec l'écriture du son **[o]** qui convient.

un escarg..............   un cham..............   un haric..............

un noy..............   un styl..............   un lavab..............

Dictée préparée (10 mots)

Les enfants font du judo ou ils jouent du piano.

34ᵉ Leçon — Des lettres que l'on n'entend pas

1 Écris le mot qui convient sous chaque dessin. Entoure la lettre finale muette.

une dent – un nid – une rue – deux – un radis – un cadenas

....

....

....

....

....

....

2 Lis ces noms à haute voix et entoure les lettres que tu n'entends pas à la fin.

un outi(l)

le récit	le front	le tapis	le camp
le bois	le prix	le lilas	un étang
un éclat	le drap	un saut	la vie

3 Chaque nom de la première colonne va avec un mot de la seconde. Écris-les l'un à côté de l'autre.

le sport	débuter	*le sport – le sportif*
le repos	le chanteur	....
le chant	la laiterie	....
le lait	reposer	....
le début	le sportif	....

4 Écris le masculin de ces noms.

une cliente → un client

une marquise → un ....   une marchande → un ....

une candidate → un ....   une gagnante → un ....

une blonde → un ....   une habitante → un ....

5 Complète comme dans l'exemple.

La chaise est haute. → *Le tabouret est haut.*

La tisane est forte. → Le café est ....

L'eau est froide. → Le bain est ....

La tempête est violente. → Le vent est ....

Aurélie est absente. → Sylvain est ....

6 Trouve des noms de la même famille que ces mots. Ils auront tous une lettre finale muette.

la chatte → *le chat*

la bordure → le ....   galoper → le ....

une géante → un ....   chocolaté → le ....

plombé → le ....   regarder → le ....

7 Complète cette chaîne. Chaque mot débute par la lettre finale muette du précédent.

rang •   • loup •   • enfant •   • canard •

          • palais •   • tronc •

• gentil •   • sortie •   • doux

8 Complète ces phrases comme dans l'exemple.

Partir, c'est prendre le départ.

Sauter, c'est faire un ....

Épaissir, c'est rendre plus ....

Aplatir, c'est rendre plus ....

Tasser, c'est mettre en ....

Blanchir, c'est rendre plus ....

9 Complète ces noms avec une lettre muette. Tu peux t'aider d'un dictionnaire.

le toi......   la nui......   une souri......   un habi......

un circui......   un solda......   un trai......   un ban......

le plafon......   un concour......   un coli....   un renar......

Dictée préparée (12 mots)

Je dévore à belles dents des croissants chauds, car je suis gourmand.

35ᵉ Leçon   Des mots qui se ressemblent

1 **Lis à haute voix et entoure dans chaque phrase les mots qui se prononcent de la même façon.**

J'ai placé ma dent de lait dans une boîte sous mon oreiller.

Pour avancer d'un mètre, la limace peut mettre dix minutes.

Au bout du chemin, il y a de la boue.

Le sol de la salle de bains est sale ; il faut le nettoyer.

2 **Recopie ces phrases et remplace les mots en gras par ceux qui conviennent.**

gâteau – dessine – arbre

Yanis **peint** un paysage. ....

un **pain** au chocolat ....

un **pin** parasol ....

bidon – bond – polisson

le **saut** du cheval ....

Ce garçon est très **sot**. ....

un **seau** d'eau ....

3 **Complète les légendes de ces dessins avec les mots qui conviennent.**

les tables – l'étable – la venue – l'avenue

Il y a beaucoup de voitures dans

.... du quartier.

Les élèves attendent sagement

.... du directeur.

Les vaches sont à ....

La maîtresse aligne ....

4 **Complète ces phrases avec les mots qui conviennent. Aide-toi du dictionnaire.**

bal – balle   Cendrillon quitte le .... à minuit.

               Je frappe dans la .... de tennis.

doigts – dois   Le pouce est le plus court des ....

               Tu .... faire ton travail avant de jouer.

5 **Écris les noms qui correspondent aux dessins.**

un ....   un ....   un ....   un ....

6 **Complète ces phrases avec les noms qui conviennent. Aide-toi du dictionnaire.**

selle – sel   Je monte la .... de mon vélo.

               Passe-moi le .... et le poivre.

tente – tante   Ma .... Denise travaille à la mairie.

               Dans le jardin, j'ai dressé une .... d'Indien.

7 **Complète les légendes de ces dessins. Aide-toi du dictionnaire.**

une v.............. de chemin de fer   La chanteuse a une belle v.............. .

une p.............. de zèbre   un p.............. de fleurs

Dictée préparée (10 mots)

Quand il a faim, Karim mange un bout de pain.

36ᵉ Leçon Des mots invariables

1 Entoure les mots qui sont restés invariables dans ces couples de phrases.

{ Alexis joue avec son camarade.

{ Les enfants jouent avec leurs camarades.

{ L'ordinateur est posé sur la table.

{ Les ordinateurs sont posés sur les tables.

{ Le spectacle dure plus d'une heure.

{ Les spectacles durent plus de deux heures.

2 Complète ces phrases avec les mots invariables qui conviennent.

rien – chez – autour – entre

Mercredi, Laurence ira .... le dentiste.

Tu n'as .... dans tes poches.

Pourquoi ce mot est-il écrit .... parenthèses ?

Il fait froid ; j'ai une écharpe .... du cou.

3 Complète les phrases avec ces mots invariables.

parmi – pendant – assez – comme

Ces jumeaux se ressemblent

.... deux gouttes d'eau !

Dans le parc, il y a un grand cerf

.... toutes les biches.

Il n'y a pas .... d'eau

dans la rivière ; ne plonge pas !

Les enfants portent des masques

.... le carnaval.

4 Recopie ces phrases et remplace les mots invariables en gras par leur contraire.

près – souvent – vite – sous

En ville, les voitures ne doivent pas rouler **doucement**.

....

Le chat adore dormir **sur** le lit.

....

Le stade se trouve **loin** de l'école.

....

Mélanie va **rarement** à la piscine.

....

5 Remets les lettres dans l'ordre pour retrouver des mots invariables.

n – f – i – n – e   → ....

e – n – i – u – s – e – t   → ....

d – m – e – i – a – n   → ....

m – a – i – t – n – e – n – t – a – n → ....

l – s – q – u – o – r – e   → ....

o – b – e – u – c – p – a – u   → ....

6 Recopie ces phrases et remplace les mots invariables en gras par leur contraire.

Ce matin, Dolorès s'est levée **tôt**.

....

La moto roule **devant** le camion.

....

Le train de Toulouse arrivera **après** huit heures.

....

Le grand-père lit le journal **sans** ses lunettes.

....

Quentin **ne** regarde **jamais** les dessins animés.

....

Dictée préparée (13 mots)

Je m'endors toujours très vite et je fais souvent de beaux rêves.

37e Leçon Les temps Les personnes

1 Relie les phrases aux étiquettes pour indiquer le temps des verbes en gras.

À midi, tu **déjeuneras** au restaurant scolaire. •

Aymeric **distribue** les cahiers. •

• action au passé

J'**emporterai** mon sac de sport. •

• action au présent

Les hommes préhistoriques **vivaient** dans des grottes. •

Le chat **s'endort** sur les coussins. •

• action au futur

À l'école maternelle, nous **écoutions** des histoires. •

2 Complète ces phrases avec les mots qui conviennent.

Demain – En ce moment – Autrefois

...., tu écris la date sur ton cahier.

...., les ordinateurs n'existaient pas.

...., il n'y aura pas d'école.

3 Complète ces phrases avec les mots qui conviennent.

L'année prochaine – Hier – Aujourd'hui

...., mes cousines sont venues à la maison.

...., nous serons au CE1.

...., il fait un temps magnifique.

4 Lis ces phrases et relie-les aux étiquettes qui conviennent.

Vous ne retrouvez pas votre crayon bleu. •

• 1re personne du singulier

Les avions se posent sur la piste d'atterrissage. •

• 2e personne du singulier

Je grandis tous les jours un peu plus. •

• 3e personne du singulier

Le loup ne dévorera pas l'agneau. •

Je me couche toujours de bonne heure. •

• 1re personne du pluriel

Tu lis des bandes dessinées. •

• 2e personne du pluriel

Nous collons des images sur un album. •

Vous corrigerez votre exercice. •

• 3e personne du pluriel

Dictée préparée (11 mots)

Je termine mon travail, ensuite tu m'aideras à le recopier.

38ᵉ Leçon · Le présent de l'indicatif : être

1 Complète ces phrases avec je, tu, elle, nous, vous, ils.

.... suis en retard.

.... es dans ton bain.

.... sont sur le trottoir.

.... êtes au supermarché.

.... est sur son cheval.

.... sommes les premiers.

2 Complète ces phrases avec est ou sont.

Le vieux château .... en ruine.

Les oiseaux .... dans leur nid.

Les fenêtres .... ouvertes toute la journée.

Le chat .... au coin de la cheminée.

3 Complète ces phrases avec suis ou sommes.

Nous .... au mois de mars.

Je .... dans l'escalier.

Nous .... en pleine forme.

Je .... à genoux.

4 Complète ces phrases avec es ou êtes.

Vous .... au sommet de la colline.

Tu .... dans la cour de récréation.

Vous .... à l'heure au rendez-vous.

Tu .... de mauvaise humeur.

5 Écris les verbes en gras au présent de l'indicatif.

être près du bureau

Je ....

Tu ....

Le directeur ....

Nous ....

Vous ....

Les élèves ....

être dans le couloir

Je ....

Tu ....

Patrick ....

Nous ....

Vous ....

Les garçons ....

Dictée préparée (12 mots)

Nous sommes dans l'appartement alors que vous êtes dans la cour.

39ᵉ Leçon

Le présent de l'indicatif : avoir

1 **Relie les sujets aux groupes pour former des phrases. Entoure le verbe** avoir.

Stevy •   • ont des cornes.

Nous •   • ai un anorak neuf.

Tu •   • avez beaucoup de patience.

Les vaches •   • a besoin de se peigner.

Vous •   • avons les mains mouillées.

J' •   • as les mains dans tes poches.

2 **Complète ces phrases avec** a **ou** ont.

Ce coureur .... beaucoup d'avance.

L'ogre .... de grandes bottes.

Les caissières .... de la monnaie.

Les touristes .... un temps superbe.

3 **Complète ces phrases avec** ai **ou** avons.

Nous .... une console de jeux.

J'............... des frissons et de la fièvre.

Nous .... des idées pour le carnaval.

J'............... les yeux bleus.

4 **Complète ces phrases avec** as **ou** avez.

Vous n'............... pas fait attention à la boue du chemin.

Tu n'............... peur de rien.

Vous n'............... qu'à choisir un numéro pour gagner le gros lot.

Tu n'............... pas grand-chose à dire.

5 **Écris le verbe en gras au présent en changeant les sujets.**

*Tu **as** faim, mais tu n'**as** rien à manger.*

Vous ...., mais vous n' ....

Les loups ...., mais ils n' ....

Nous ...., mais nous n' ....

Hugo ...., mais il n' ....

J' ...., mais je n' ....

Dictée préparée (12 mots)

J'ai soif. As-tu un verre de lait à me donner ?

40e
Leçon

Le présent de l'indicatif : verbes du 1er groupe

1 **Complète ces phrases avec un pronom personnel sujet.**

.... parles doucement à ta petite sœur.

.... chantons à haute voix.

.... regardez souvent la télévision.

.... mange ma part de tarte.

.... cherche son chemin.

.... commencent leur partie de foot.

2 **Souligne le verbe de chaque phrase et écris son infinitif.**

Les fleurs parfument la pièce. ....

L'avion vole très haut dans le ciel. ....

Vous mélangez le bleu et le rouge. ....

Le chanteur entre en scène. ....

Nous cassons des œufs dans le bol. ....

3 **Complète ces phrases avec les verbes qui conviennent.**

surveille – bourdonne – adorent – déchires – tombons

Les invités .... les fraises à la crème.

Tu .... une feuille de papier.

Je .... mon petit frère.

La mouche .... autour du pot de confiture.

Nous ne .... pas dans le piège.

4 **Complète avec ils ou le. Lis bien les phrases avant de répondre.**

.... vent souffle à travers les branches.

.... trouvent des champignons dans les bois.

.... serpent se cache sous les pierres.

.... copient des mots sur leur cahier.

.... campent à la sortie du village.

Dictée préparée (13 mots)

Anne s'approche des chamois, mais ils ont peur et ils se sauvent.

41ᵉ Leçon

Le présent de l'indicatif : faire

1 **Complète ces phrases avec un pronom personnel sujet.**

.... faites un beau dessin.

.... fais ton exercice de lecture.

.... faisons une grande promenade.

.... fais mon lit tous les matins.

.... font des crêpes pour le carnaval.

.... fait des nœuds avec ses lacets.

2 **Conjugue le verbe** faire **au présent.**

faire sa toilette

Je ....

Tu ....

Kelly ....

Nous ....

Vous ....

Les chats ....

faire des roulades

Nous ....

Léo ....

Vous ....

Les acrobates ....

Je ....

Tu ....

3 **Aide-toi des dessins pour écrire ce que font ces personnages.**

Les clowns .... des grimaces.

Gaëlle .... la cuisine.

4 **Écris le verbe en gras au présent de l'indicatif en changeant les sujets.**

faire un détour pour éviter l'obstacle

Le motard ....

Tu ....

Les coureurs ....

Nous ....

Dictée préparée (10 mots)

Les cavaliers sont au repos. Ils font boire leurs chevaux.

42e Leçon

Le présent de l'indicatif : aller

1 **Relie ces groupes de mots pour former des phrases et entoure les verbes conjugués.**

Tu •   • vais fermer mon cahier.

Anaïs •   • allez à la garderie.

Nous •   • vont à la patinoire.

Vous •   • allons au théâtre.

Je •   • va de mieux en mieux.

Les élèves du CE2 •   • vas au marché avec ton père.

2 **Complète ces phrases avec le verbe** aller **au présent.**

Nous .... apprendre une nouvelle poésie.

La chèvre de monsieur Seguin .... dans la montagne.

Je .... prendre l'autobus.

Benoît .... ranger ses vêtements.

Vous .... préparer le petit déjeuner.

Les élèves .... commencer leurs devoirs.

3 **Recopie ces phrases et remplace le verbe** être **par le verbe** aller **au présent.**

Je suis à la plage. → *Je vais à la plage.*

Tu es au fond de la classe. → ....

Nous sommes à la fête foraine. → ....

Vous êtes à Paris. → ....

Ils sont chez leurs cousins. → ....

4 **Écris les verbes en gras au présent en changeant les sujets.**

*Je **vais** marcher sous la pluie, mais je n'**ai** pas de parapluie.*

Elles ...., mais elles ....

Nous ...., mais nous ....

Pierre ...., mais il ....

Vous ...., mais vous ....

Dictée préparée (12 mots)

Tu vas chez Nicolas et vous allez allumer la console de jeux.

43e Leçon
Le présent de l'indicatif : dire

1 **Fais des phrases avec ces groupes de mots. Entoure le verbe** dire**.**

Je	te disons de mettre la table.
Le magicien	dites que cette émission est amusante.
Tu	ne disent jamais la vérité.
Nous	dis que tu n'as pas le temps.
Les menteurs	dis bonjour à mon amie Coline.
Vous	dit qu'il fera disparaître la colombe.

....

....

....

....

....

....

2 **Complète ces phrases avec les formes du verbe** dire **qui conviennent.**

dis – dis – dit – disons – dites – disent

Nous .... que la pendule avance.

Le directeur .... que le portail n'est jamais fermé.

Tu .... que l'enveloppe n'est pas timbrée.

Vous .... que le secret est bien gardé.

Je .... que mon ballon est dégonflé.

Les gendarmes .... qu'il ne faut pas rouler trop vite.

3 **Écris les verbes en gras au présent.**

dire le contraire	ne pas **dire** de bêtises
Je	Nous ....
Tu	Vous ....
Justine	Les lutins ....

Dictée préparée (10 mots)

Pourquoi dites-vous que la porte est fermée à clé ?

44ᵉ Leçon Le présent de l'indicatif : venir

1 Relie ces groupes de mots pour former des phrases.

Nos correspondants •   • venez en tenue de sport.

Je •   • vient avec son violon.

Nous •   • revenons sur nos pas.

Vous •   • viennent nous rendre visite.

Henriette •   • viens sans tes parents.

Tu •   • ne viens pas à l'école aujourd'hui.

2 Complète ces phrases avec les verbes qui conviennent.

devient – souviennent – venons – parviens – viens

....................................-tu à tracer des traits droits ?

Je .... t'aider à mettre la table.

Le ciel .... gris.

Nadia et Mireille se .... de ce film.

Nous .... chercher une récompense.

3 Écris les verbes en gras au présent.

devenir un géant	**venir** respirer l'air pur
Le génie	Vous ....
Tu	Les touristes ....
Je	Nous ....

4 Complète ces phrases avec les formes du verbe qui conviennent.

devient – deviennent   Mon petit frère .... un grand garçon.

Les chenilles .... des papillons.

revenons – reviens   Nous .... de la piscine.

Tu .... de l'école à pied.

parviens – parvenez   Vous .... à terminer le puzzle.

Je .... au sixième étage.

Dictée préparée (12 mots)

Le mercredi, Marine vient chez moi pour préparer des masques de carnaval.

45e Leçon Le futur de l'indicatif : être et avoir

1 Complète ces phrases avec les pronoms personnels sujets qui conviennent.

.... auront de la chance.

.... aurez des livres neufs.

.... aurai bientôt sept ans.

.... aurons nos cadeaux.

.... auras ton baladeur.

.... aura son bonnet.

.... seras sur ton vélo.

.... sera sûrement chez lui.

.... serons dans le train.

.... serez devant la porte.

.... seront à leur place.

.... serai en vacances.

2 Recopie ces phrases avec les nouveaux sujets.

Yannick sera surpris. → Tu ....

Les poésies seront apprises. → Le poème ....

Je serai sur le balcon. → Nous ....

Tu seras le premier. → Vous ....

3 Complète ces phrases avec auront ou seront.

Les arbres .... des feuilles. Ils .... verts.

Les chats .... faim. Ils .... affamés.

Les montagnes .... enneigées. Elles .... toutes blanches.

4 Écris les verbes en gras au futur en changeant les sujets. Attention aux changements dans les phrases !

Nous **aurons** tout notre temps pour nous amuser.

Tu ....

Les petits ....

J' ....

Les enfants **seront** devant leur console de jeux.

Vous ....

Frédéric ....

Tu ....

Dictée préparée (11 mots)

Les acrobates et les clowns seront sur la piste du cirque.

46ᵉ Leçon — Le futur de l'indicatif : verbes du 1ᵉʳ groupe

1 **Complète les légendes de ces dessins avec ces verbes que tu écriras au futur.**

surveiller – téléphoner – approcher – chausser

Le Petit Poucet ....
les bottes de sept lieues.

Tu .... la cuisson
des pommes de terre.

Vous ne vous .... pas
du bord de la falaise.

Je .... à mon camarade
dès que possible.

2 **Complète les phrases avec** nous **ou** vous**.**

.... effectuerons les opérations.

.... resterez à l'étude du soir.

.... voyagerons en TGV ou en avion.

.... laverez vos mains.

3 **Recopie ces phrases et écris les verbes en gras au futur.**

Le chat **retombe** toujours sur ses pattes.

....

Je **change** les piles de la télécommande.

....

Nous **bouclons** notre ceinture de sécurité.

....

Dictée préparée (11 mots)

La musique remplacera les cris et les chanteurs entreront en scène.

47e Leçon
Le passé composé de l'indicatif : verbes du 1er groupe

1 Complète ces phrases avec des pronoms personnels sujets.

.... êtes rentrés à pied.   .... a oublié son livre.

.... me suis lavé les mains.   .... ai enfilé mon pull.

.... se sont promenés.   .... avons bien mangé.

2 Complète ces phrases avec les formes qui conviennent.

ont – es – êtes – suis – avez – a

Je .... restée debout pendant une heure.

Joris .... glissé sur le verglas.

Tu .... arrivée au moment où je partais.

Vous .... surmonté votre peur.

Les poissons n'.................. pas touché à l'hameçon.

Vous .... trop mangé de bonbons.

3 Complète ces phrases avec les verbes qui conviennent.

êtes tombés – a craché – ai soulevé – as déclaré – ont claqué – sommes retournés

Nous .... sur nos pas.

Tu .... que ce cadeau te plaisait.

Vous .... dans le piège.

Le volcan .... de la fumée.

Les portes, mal fermées, ...

J'.................. la lourde valise.

4 Écris les verbes en gras au passé composé.

entrer sans faire de bruit	**nager** sans bouée
Je.................. .	Nous ....
Tu	Vous ....
Karim	Les enfants ....

Dictée préparée (13 mots)

Quand j'ai eu six ans, mes parents m'ont acheté un vélo.

Achevé d'imprimer en France par Dupli-Print à Domont (95) - N° d'impression : 2020053721 - Dépôt légal : Juin 2020 - Collection n° 14 - Édition 13 - 11/7442/4